찬샘의 선집 87

눈물의 깊이

김문구 시집

찬샘

초판1쇄 발행2024년 11월 30일

지은이 : 김문구
편집 디자인 : 문민경
펴낸곳 : 찬샘
출판등록번호 : 제447-2007-000005
주소 : 충북 음성군 음성읍 중앙로160
전화 : 010-3507-3567
팩스 : 043)873-3567
이메일 : byh050@hanmail.net

*책값은 뒤표지에 있습니다
*저자와 협의아래 인지를 생략합니다
*저자 허락과 출판사 동의없이 내용의 일부를 인용 발췌를 금합니다

ISBN 978-89-97376-83-4

*이 책은 충북문화재단의 후원을 받아 예술창작활동지원사업의 일환으로 발간되었습니다

눈물의 길이

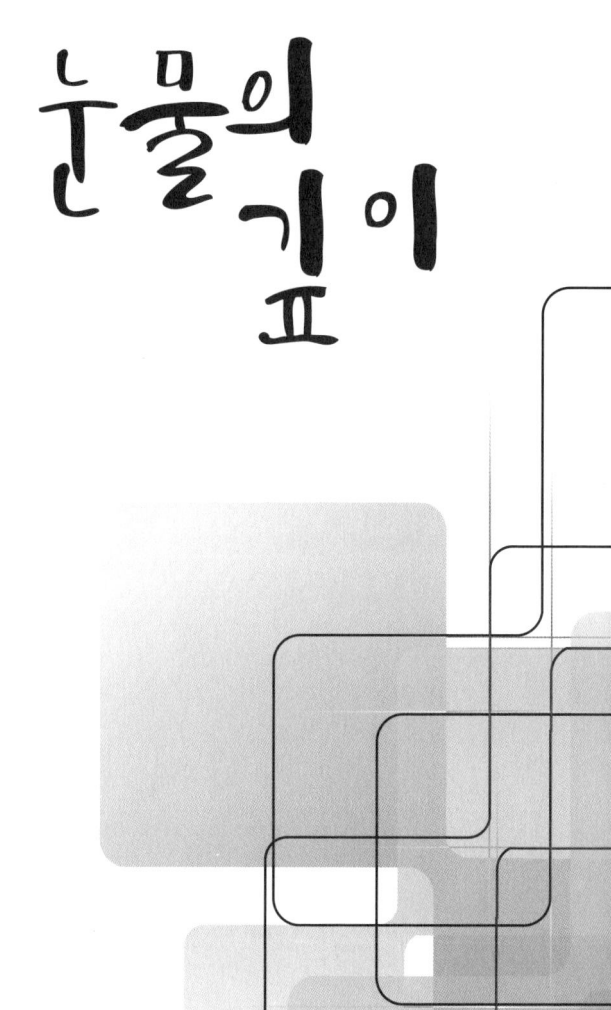

시인의 말

낯선 길 앞에서 망설이다
용기를 내어 봅니다
진솔한 삶의 이야기를 시에 담아
틈나는 대로 습작한 작품을
퍼즐 맞추듯 엮어서

가슴에 따스한 온기를

안겨 드리려 합니다

시집을 내기까지 많은 조언과 격려로

도움주신 모든분께 감사드립니다

2024년 11월
김 문 구

1부

- 12 나만의 숲길
- 14 소꿉놀이
- 16 바윗돌의 추억
- 18 4월의 꽃
- 20 소년의 안부
- 21 오늘 소년은 안부를 묻는다
- 22 마흔 두 살의 자유
- 24 봄의 경전
- 26 위로
- 27 복수초
- 28 어떤 기다림
- 30 눈물의 깊이

2부

- 36 기다림
- 37 다정아
- 40 나무와 나무 사이
- 41 텃밭에 부는 바람
- 43 우중일기
- 45 둥지
- 47 이 세상 내 것이라고 할 수 있는 것이
- 47 아무 것도 없다
- 50 해바라기 꽃
- 51 저녁밥상
- 53 서리
- 55 벌초
- 57 데자뷔

3부

62 홀로 지키는 밤
63 겨울삽화
65 텃새
67 산이 내게로 온다
69 친구처럼 1
70 친구처럼 2
71 혼을 부르는 소리
77 어머니의 감자밭
81 채운사
83 해빙
85 외딴 집

4부

- 90 사월의 청천
- 91 독백처럼
- 93 도원리 1
- 94 도원리 2
- 95 도원리 3
- 97 도원리 4
- 99 도원리 5
- 100 풍경 1-장수마을
- 101 풍경 2-대보름날
- 103 풍경 3-마당극 공연
- 105 바람의 자화상

나만의 숲길
소꿉놀이
바윗돌의 추억
4월의 꽃
소년의 안부
오늘 소년은 안부를 묻는다
마흔 두 살의 자유
봄의 경전
위로
복수초
어떤 기다림
눈물의 깊이

1부

나만의 숲길

책가방 둘러메고
집에 돌아오는 길에
꽃이 피었네
새 콤 달 콤
딸기 꽃이 피었네

입안 가득 번지는
수줍은 소녀의 미소
달그락 빈 도시락엔
그리운 얼굴 한가득

풋풋한 향기로 허기 달래며

오솔길 산마루에 사랑이 피었네
첫사랑이 활짝 피었네

소꿉놀이

둥구나무 그늘아래
휘리릭 휘파람 소리 들려온다

고운 흙 반죽해서
인절미 한 상 빚어내고
꽃잎 촘촘 다져
마른 반찬 차려놓으니
호랑나비 너울너울
호박벌도 붕붕 흥겹다

희미한 기억 속에 남아 있는
아름드리 느티나무

새끼 손 걸며 다짐했던 그 약속

나는 신랑 너는 각시

고추잠자리 술래 되어

싸리문 담장을

맴돌다 날아간다

바윗돌의 추억

신작로 산모퉁이
강가 가마소 옆을 지날 때면
독수리들이 먹잇감을 찾느라
언제나 하늘을 빙빙 돌고 있었다
어린 시절 그리움이
저 산 허리춤에 붙어 있던
큰 바윗돌에서 밀려온다

산새들이 날아왔다 쉬어가고
밤에는 산짐승들의 놀이터가 되었다가
오고 가는 사람들이 쉬어가던 바윗돌
친구들과 기차놀이 철길을 놓았다가

푸짐한 밥상 차려놓고 소꿉놀이하며
바위에 붙어 지낸 어린 시절

어둠이 채 가시지 않은 새벽녘
가마소 산모퉁이 돌아서
노래 경연 대회에 참가하던 날
아침 안개에 몸을 감춘 바윗돌의 그림자가
굶주린 산돼지가 되어 으르렁대며 다가왔다

그 자리에 주저앉아 엉엉 울며
발걸음을 멈추게 했던 바윗돌
언제나 추억을 쌓던 그리운 곳
지금은 보이지 않고 자동차 소리 요란하다

4월의 꽃

산벚나무 피어나는 골짜기마다
초록 물결 춤춘다

눈부신 싸리 꽃 한 무리
꽃물 든 산야

바라만 보아도 좋다

촉촉이 내리는 봄비에
아쉬운 눈물 떨구는 꽃 이파리

꽃잎이 떨어져도 마냥 좋다

지금까지 보이지 않던
사월의 꽃들이
내 눈에서 사랑스럽게 피어난다

이제 나이가 들어가는가 보다

소년의 안부

귀뚜라미 소리 들려오는
길 섶 건반 위에
기억의 강물이 흐른다
문고판 책 옆구리에 끼고
감자 옥수수로 허기 달래며
또래 친구들과 치고받고 뒹굴며
소 몰고 돌아오는 소년은
시인이 되고 싶었는지 모른다
  〈나는
  나는
  죽어서
  파랑새 되어…〉

어느 시인의 시를 외우며
반딧불이 쫓아 뛰어놀던 앞동산
강가의 하얀 모래사장
개구쟁이 친구와 정든 이웃
흘러간 시간만큼이나
지워져간 기억의 자리에는
낯선 전원주택이 들어서서
서로의 아픔을 찌른다

다시 돌아갈 수 없는
꿈 많던 날들에게
오늘 소년은 안부를 묻는다

마흔 두 살의 자유

번쩍이는 자동차 불빛
조각된 도시의 정원에서
시커멓게 쌓여가는 찌든 때를
갑옷처럼 뒤집어쓰고
내 나이 마흔두 살은 퉁퉁 부었다

쇠창살 치켜든 보초병이
하루를 감시하는
어색한 도시의 생활은
나에게 어울리지 않는다

산천에 피어나는 꽃을 보며

눈에 익숙한 산길에서
마주친 새들과 노래하고
유유히 흘러가는 강물에
병든 마음까지 내려놓았다

물소리 바람 소리 벗 삼아
마흔두 살의 자유는
고향의 품에 안겼다

봄의 경전

눈보라 치는 벌판에서
추위와 맞서며 기다렸다
덫에 걸린 짐승처럼 울부짖다
더 이상 흘릴 눈물도 없이
가슴에 맺혀있는 욕망을
떨치려 발버둥쳐 본다
비워야 채워진다는 것을
어김없이 찾아오는
봄소식이 말해 주었다

신선한 공기 마시고
고개 내민 새싹을 바라보며

봄 소풍 나온 사람들과
나물 캐는 사람들 만나서
세상 사는 얘기 나누는 동안
바람은 잔잔하고 부드러웠다
벌 나비 날아와
마음의 꽃이 피고
설레는 새봄이 꿈틀거린다

위로

황량한 벌판에서
흔들리며 울다 지쳐버린
눈 덮인 나뭇가지
혹독한 추위에
많이 힘들고 아팠지?
지쳐 쓰러질 만도 한데
꿋꿋하게 버티며
새봄을 기다리는 너를
옆에서 응원할게

복수초

꽃을 피우기 위해
숨죽여 기다린 시간
무척 춥고 힘들었지
내 어깨에 기대어
손 한번 잡아봐
나도 따뜻한 봄 햇살
기다리는 중이야

어떤 기다림

불안하게 느꼈는지
새끼를 낳은 어미 고양이가
비닐하우스에서 감쪽같이 사라졌다
미처 따라가지 못하고
홀로 남겨진 새끼고양이
눈 뜨자마자 이별이다
잠잘 때나 밥을 먹을 때도
언제나 그곳을 지키고 있었다
시간이 흘러 몸집이 커진 새끼에게
다시는 아픔을 겪지 말라고
불임 수술까지 해 주었건만
어미와 형제들이 떠나간

그 자리에서 여전히 들려오는

애절한 울음소리

나 아직 여기 있어요

눈물의 깊이

텃밭에서 땀 흘려 수확한 농산물
주섬주섬 차안 가득 챙겨주시는 어머님
오늘은 떨어져 사는
가족을 만나러 가는 날

식지 않는 자식이란 분화구에
노심초사 흐르는 노모의 근심
바람 숭숭 빠져나간 다리 절룩거리며
빗길 조심해서 다녀오거라

젖은 자동차 불빛이 희미하다

팔순을 바라보는 나이에도
흙 만질 때 행복해 보이시는
펴지 못한 어머님의 허리가
들녘 밭고랑에 굽어있다

흙과 함께 한 세월 지탱해온
어머님의 고장난 농기구에서
연신 눈물 닦아내는 윈도브러쉬
흑흑 멈춰 선다

기다림
다정아
나무와 나무 사이
텃밭에 부는 바람
우중일기
둥지
이 세상 내 것이라고 할 수 있는 것이 아무 것도 없다
해바라기 꽃
저녁밥상
서리
벌초
데자뷔

2부

기다림

커피 잔 앞에 두고
온기를 느낀다

조금 늦게 온다 해도
아주 먼 길 돌아온다 해도

난 괜찮아

설레는 마음 하나로도
행복하니까

다정아

출근길에 언뜻 마주친

네 눈망울이 슬퍼 보였다

평소처럼 보채지도 않고 차분히

고개 돌려 먼 하늘을 바라보고 있던 네가

내 눈앞에 보이지 않은 사흘 동안

이별을 예감이라도 한 듯

우수에 찬 네 눈망울만 어른거린다

가끔 말썽 부려 사람들에게

눈엣가시처럼 보이긴 했지만

너하고 인연이 여기까지라는 것을

인정할 수 없구나

도토리 주우러 갈 때도

물고기 잡으러 갈 때도
우린 언제나 한 몸이었지
길을 걷다가
네 모습과 비슷한 백구를 보면
정신없이 따라가다 뒤돌아서야 했다
멀리 이웃 마을에서
네 목소리가 들리는 것 같아
그곳에 달려가서
다정아 소리쳐 보지만 소용이 없구나

너하고 지내 온 삼 년 동안 난 행복했었다
다시 돌아오지 못할 먼 곳에 있더라도

너를 의지하고 사랑했었다는 것을
다정아 다정아 잊지 말아 줘

나무와 나무 사이

산 중턱에 붙어있는 연리지 나무
한 몸 되어 함께 산다는 것이
겉으로는 같아 보여도

물과 기름처럼 어울리지 못하고
점점 멀어져 가는
뒤틀린 다른 생각

같은 것 같으면서
다른 것이

조선 소나무와
리기다소나무 사이

텃밭에 부는 바람

눈 뜨자마자 텃밭으로 나간다
정성껏 심어놓은 고추 들깨가 밤새
얼마나 자랐는지 궁금해서 견딜 수 없다
주렁주렁 달려있는 오이 토마토와
눈인사 나눈다
오늘은 고추 끈을 매주고
내일은 살충제도 뿌려줘야겠다
할 일이 있어 마냥 즐거워하시며
또 일을 찾으셨던 어머니처럼
쑥쑥 커가는 농작물을
흐뭇하게 바라본다

근심 걱정 한 평생 종종걸음으로
땀 흘려 가꾸어 오신
어머니의 텃밭에 바람이 불어온다
흙냄새 배어나는
색 바랜 모시적삼을 적시며
소나기가 내린다
애달픈 설움이 뚝뚝 떨어진다

우중일기

새벽부터 비가 내린다
인터넷 검색 창에
오전부터 구름 밀려와
많은 비가 예상된다고

근심 걱정으로 잠을 이루지 못했다
아침 비행기로 작은 딸내미가
바다 건너 낯선 섬마을로
직장을 구해 떠난다
마음이 짠하다
비바람 불어서 위험하지 않을까
후회하지 않을까

짐 싸서 떠나가는 길
잘 적응하고 행복하거라
너의 꿈과 희망을 응원할게
안개에 가려진 앞산 나무들도
손 흔들어 배웅한다

둥지

서울에서 인턴으로 근무하던 작은 딸내미
낯선 바람 파도치는 제주도에 둥지 튼다네
엄마를 하늘나라 보내고
마음 달래려 훌쩍 떠나
위로받았던 바다 건너 섬마을
넘실대는 푸른 파도 가슴에 안고
자유로운 영혼으로
바람 부는 제주로 떠나갔네
낯선 환경 잘 적응하고
몸은 멀리 있어도
마음은 언제나 네 곁에서
행복하길 빌어줄게

영상통화 속 제주 바다가

못다 한 내 당부로 출렁인다

이 세상 내 것이라고 할 수 있는 것이 아무 것도 없다

산등성이 넘고 넘어

지난해 능이버섯을 채취했던

깊은 산속을 찾았다

달걀만한 능이버섯 수십 개가

꼭 박혀 있는 것을 보고

몸에 전율이 흘렀다

휴대폰을 꺼내 사진을 찍으면서

딸까 말까 망설이다

며칠만 더 키웠다 따기로 하고

산을 내려왔다

삼일 후 이른 새벽부터

턱 밑까지 차오르는 숨 몰아쉬며
굽이굽이 산등성이 단숨에 넘어
눈으로 감추어 두었던 능이 밭에 도착하여
능이버섯을 찾아보았지만
사람 발자국만 어지럽게 보였다
다리에 힘이 빠져
그 자리에 주저앉고 말았다
내 것 아닌 것을 내 것 인양
착각하고 살아온 며칠간 행복했다
시뻘건 눈으로 쫓으며

움켜쥐면 놓지 않으려는 권세도
화려하게 치장했던 명예도
이 세상 내 것이라고 할 수 있는 것이
아무것도 없다는 것을…

해바라기 꽃

한눈팔지 말고
나만 보고 있어

무엇이 부끄러워
고개 숙이나

괜찮아!
하늘 한 번 올려다봐

환하게 웃는 미소
언제나 겸손한 네가 좋아

저녁밥상

한동안 찾지 않았던 한적한 식당

난 우리 아들이 이사 갔는지 알았네

팔순을 넘긴 나이에도

수년 동안 옆 마을 식당에서

허드렛일 하시는 친구 어머님이

맨발로 뛰어나오신다

일 년에 고작 서너 번 찾는 곳이지만

갈 때마다 반가워하시며

바닥난 밑반찬을

이것저것 채워주신다

뙤약볕 내리쬐는 칠월의 밭고랑 사이를

굽은 허리 흙 방석에 내려놓으시고
밥은 굶지 말고 다니거라
흐르는 땀을 훔치시던

어머님의 모습이 떠오른다
지난해 뇌 수술받으시고
요양원에 누워계신 어머님
다시 걷는 모습 볼 수 없어도
주섬주섬 챙겨서 담아주신
어머니의 별처럼 빛나는 사랑
저녁 밥상 한가득 넘쳐난다

서리

장맛비 내리는 여름 날
황톳빛 강물이
넘실대며 흘러간다

까만 피부에
번들거리는 눈빛으로
개구쟁이 친구들이 웃통을 벗었다

소낙비 쏟아지는 여름 날
강 건너 복숭아가 잘 익었나 보려고
나도 벌겋게 흘러가는 저 강물을
헤엄쳐 건너고 싶었다

강 건너에는 늘

추억의 보물창고가 있었다

벌초

가끔씩 들려오는 종달새 소리
피었다 지는 나리꽃 향기에도
바람 한 점 없는 습한 곳에서
외로움 달래진 못하셨으리

웃자란 잔디 위에
칡넝쿨 덥수룩하다
더위 베고 누워 계신 머리맡에
예초기 날을 살포시 댄다

일 년에 한 번 해드리는 면도다

잡티를 뽑아내고
무성한 풀이 잘려나간 자리
깔끔하게 단정한 머리처럼
웃고 계신 아버지의 모습이다

숨 막히도록 꼭꼭 껴안아 주시던
까칠까칠한 턱수염이
성묘하고 돌아서는
나의 얼굴을 찌른다

데자뷔

어젯밤 꿈속에 머문 발길

사랑했던 사람의 뒷모습을 보았다

긴 퍼머 늘어뜨리고

개나리꽃이 만발한 한적한 길을

걸어가는 여인을 바라보며

세월에 묻혀 버린

눈에 생생한 추억의 길을

함께 걷고 있었다

두근거리는 마음

설레는 그리움도 잠시

환상이 깨어지기까지 오래가지 않았다

세월을 거슬러 청춘을 넘나들며

잠시나마 행복했다

반복해서 살 수 없는 삶

누군가 나를 그리워하고

만나면 마음 편안한

뒷모습이 아름답게 느껴지는

그런 인연으로 남고 싶다

홀로 지키는 밤
겨울삽화
텃새
산이 내게로 온다
친구처럼 1
친구처럼 2
혼을 부르는 소리
어머니의 감자밭
채운사
해빙
외딴 집

3부

홀로 지키는 밤

현란한 불빛

자동차 소음에 쫓기 듯

어둠이 밀려온다

장승처럼 서서 거실을 비추는 스탠드

나란히 등대고 누워있던 침실에

베게 하나 덩그러니 놓여있다

언제나 함께 하자던 약속을

지키지 못한 때늦은 후회

둘이 하나 되어

홀로 지키는 밤입니다

겨울삽화

마지막 한 잎 남은 낙엽
어둠에 매달려 있는 저녁 무렵
겨울을 재촉하는 바람이
세차게 불어온다

다리를 절룩거리는 애완용 강아지가
내리는 빗길을
되돌아왔다가 갔다가
초점 없는 눈빛으로
어디로 가야 할까
하늘 한 번 쳐다보다
발걸음 재촉한다

사랑받고 행복했던
기억의 순간을 잊은 채
젖은 몸 흔들어 털어내고
겨울 문턱을 넘나드는 유기견

햇살 고운 양지 녘이
저 산 너머에는 있을까

텃새

봄 햇살 꿈틀거리는
벚나무 가로수길 전신주에
나뭇가지 물어 나르며 까치집 짓는다

보금자리가 완성되어 갈 때
한전 직원이 사다리차 몰고 나타나
산란 앞둔 까치집을 걷어 내고 있다

주춧돌 드러난 폐가 옆에
미루나무 밑 둥은 잘리고
도시에서 밀려드는 전원주택들 사이로
늘어선 전선이 피리 소리 내는 밤

텃세 부려야 할 터를 떠나지 못하고
흰 깃털 치켜세워 담아 온 봄소식
어디에 전해주란 말이냐

산이 내게로 온다

눈꽃 핀 골짜기
굽이굽이 빈 지게 지고
당신을 따라 오르던 옛길

얼어붙은 계곡 아래
나뭇짐 지고 다가서는
당신 모습 보인다

노루 샘에 엎드려
흐르는 땀방울 씻어내고
산이 일어선다

쌓여가는 눈의 무게를 견디며
한 끼 생계 짊어지고
산이 걸어온다

빼곡하게 들어찬 나무숲에
바람으로 머물다 가는
아버지의 가쁜 숨소리 들려온다

친구처럼 I

길가에 쪼그리고 앉아
애처롭게 울고 있는 고양이
내게 달려와
몸 비비며 애교를 떤다
배는 고프지 않니?
많이 외로운가 봐

나 좋아하는 거 맞지?
내가 친구 되어 줄게

친구처럼 2

새벽부터 고양이 울음소리가 들린다
오늘 유난히 배가 고팠는지
한가득 사료를 주었는데도
얼마 지나지 않아 또 울어 댄다
그래 알았다 이제 목마른 거지
네 목소리만 들어도
눈빛 만 보아도
무엇을 원하는지 알 것 같다
물 한 모금 마시고
몸 비비며 드러눕는다

나 좋아하는 거 맞지?
내가 친구 되어줄게

혼을 부르는 소리

1.

사람이 죽으면 영혼이 남아 있는 것일까?
육체를 이탈한 혼은 영원히 살아 있을까?

여느 때처럼 새벽에 밭에 나가 농작물을 바라보던 중
여기저기서 까마귀 울음소리가 들려왔다
별 관심 없이 텃밭에 작물이 어느 해 보다
잘 자라서 흐뭇하게 바라보고 있는데
까마귀 울음이 점점 크게 들려 귀에 거슬린다
기어이 여러 마리의 까마귀 떼가

내 주위를 빙빙 돌며 크게 소리 내어 울고 있었다

"이놈들아 아침부터 왜 이렇게 시끄럽게 우는 거야
 저리로 가 훠이 훠이 저쪽으로 가 버려"

소리를 내질러도 점점 더 많은 까마귀 떼가 모여들었다
 출근을 하느라 큰 도로까지 차를 몰고 나오는 중에도
 여러 마리의 까마귀 떼가 차를 따라오면서 까~악 까~악 거린다

까마귀가 울면 초상이 난다는 얘기를 전부터 들은 터라 기분이 좋지 않았다

 평상시처럼 하루 일과를 마무리하는 시간
 큰 딸내미의 다급한 목소리가 귓가를 울렸다
 엄마가 쓰러져서 119에 실려 갔다고 울부짖는
 고등학교에 다니던 딸내미의 목소리가 생생하게 들린다
 눈앞이 캄캄했다
 두 시간 걸리는 거리를 단숨에 차를 몰고 병원 응급실로 달려갔지만
 아이들 엄마는 영영 깨어나지 못 한 채

일곱 사람들에게 새 생명을 나눠 주고 하늘나라로 떠났다
작별 인사 한번 나누지 못하고 아무런 준비 없이
그렇게 허망하게 보내고 삼일 째 되던 날
납골당에 들러 삼우제를 지내고 시골집으로 내려와
집사람이 입었던 옷가지 몇 벌을 태워주었다
그날도 까마귀 떼는 주위를 맴돌며
죽은 사람의 넋을 위로하듯 한참을 울부짖었다

2.

  하늘나라로 떠나간 지 14년

  매년 유월이 오면 마음을 무겁게 짓누른다

  꼭 그때를 맞춰 어김없이 나타나는 까마귀 떼

  슬픔을 같이 나누려는 건지 매년 똑같은 일은 반복되었다

  그 후로 마을 이장을 7년째 맡아 오고 있다

  마을에 초상이 나려고 하면 평소 눈에 띄지 않던 까마귀들이

  어디선가 나타나 마구 울어 댔다

까마귀 소리에 두려움과 긴장이 흐르던 그 순간
영락없이 전화벨이 울린다
마을 어느 분이 막 운명하셨다는 비보다
벌써 올해에도 네 분이 하늘나라로 가셨다

까마귀 울음소리가 들리면 섬뜩하다
또 마을에 초상이 나겠구나
마음의 준비, 아니면 죽음을 대비하라고
까마귀들이 미리 알려 주는 것인지

어머니의 감자밭

1.

  물거품처럼 감자 꽃이 피기 시작할 때

  갑자기 주인이 감자를 없애 달라고 불호령이다

  어머니께서 집 옆으로 묵밭을 일구어 해마다 감자를 심으셨던 것

  경매로 몇 번 넘어가고 한동안 방치돼 있던 토지

  새 주인이 바뀌면서 일이 벌어진 것이다

  다음 달이면 감자가 여물어 캘 때가 되는데

  한 달만 기다려 달라고 연신 고개 숙여 사정을 하시는 어머니

  감자꽃이 하얗게 일어서고

땅속에선 조막손 같은 감자들도 놀라 주먹을 움켜쥐었으리
 마침 옆에 있던 내가 한 달 후면 감자를 캐내고
 밭을 비워 준다고 사정해도 바늘도 들어가지 않았다
 뭐 이런 사람이 다 있나 싶어 큰소리치며 거칠게 나갔다
 지금까지 들어간 거름 값과 비료 값을 계산해 주면 당장 갈아엎겠다고
 가슴을 내밀고 큰 소리치자
 그제야 조금 누그러지며 감자만 캐고 밭을 치워 달라고 했다

장마가 시작되기 전 주먹보다 더 큰 감자가

골짜기 돌멩이 구르듯 고랑마다 가득했다

그 땅이 마지막 어머니의 감자 밭이었다

2.

땅주인은 늦가을이 되어서야 느티나무 묘목을 심었다

10년이 훨씬 지나간 어느 날

땅을 매매한다는 현수막이 붙어있었다

우여곡절 끝에 토질이 좋고 배수가 잘 된다고

습관처럼 말씀하셨던 그 토지를 구입했다

평생 농사일로 마련한 땅을 모두 팔아서
7남매를 뒷바라지 하시다
13년 째 요양원에 누워계신 당신께
작은 위안이 되었으면 좋으련만…
꿈길마다 벌 나비 날아드는 감자밭을
서성이며 고랑마다 발자국 남기고
감자알은 굵어 가는데
어머니의 아픈 손가락이 되어버린 나는
회한의 언덕만 점점 높아지고…

채운사

층층이 갈라진 도명산 자락
고요와 마주 앉은 이끼 낀 바위에
미륵의 미소가 떨어진다

붉게 물든 산길을
오르고 내려가는 사람들

꽃구름에 떠있는 첨성대
풍경소리 들려온다

버리지 못하는 마음 비워 낸

*

꽃물 든 산사에

솔향기 가득하다

*채운사:고려시대 지어진 화양계곡의 사찰

해빙

앙상하게 갈라진 대추나무에
연 걸리듯 날아드는 고지서
도대체 살림을 하라는 거야 뭐야
냉기 서린 아내의 쓴소리

솜이불 덮어쓴
앞산만 바라보며
또 한 달을 보냈다
여보세요
전에 가입한 보험이
만기가 지났는데요
옥이 구르는 싱그러운 소식이다

비가 내린다
거만하게 치켜든 서릿발이
하나 둘 흩어지고
껍질 벗은 찬바람은
눈꺼풀에 주저앉는다

외딴 집

간간이 새소리만 들릴 뿐
집도 사람도 늙어서
무너져 버릴 것 같은 외딴 집

병든 홀몸으로 살다가
세상 떠나간 빈집에
낯선 이가 서성거린다

살아서는 수십 년
한 줌 재로 뿌려진 지 석 달 후
처음 찾아든 사람의 인기척

잘 가시라는 인사도 없이
땅값만 챙겨 떠나가는 피붙이를
망연히 바래기 하는 낡은 집

그날 이후
대문 옆 감나무에
새들도 떠나갔다

사월의 청천
독백처럼
도원리 1
도원리 2
도원리 3
도원리 4
도원리 5
풍경 1 - 장수마을
풍경 2 - 대보름날
풍경 3 - 마당극 공연
바람의 자화상

4부

사월의 청천

연꽃을 품에 안은 산봉우리마다
푸른 독이 퍼져간다
꿈틀대는 골짜기는 수채화로 물들고
몽환의 물안개를
바람도 숨죽이며
신비롭게 바라본다

하늘거리는 얇은 겉옷에
연분홍 재킷 걸쳐 입고
앞다투어 꽃 피는
사월의 청천은
눈부시어라

독백처럼

햇살을 삼켜버린

미로 같은 길 돌아서

현관문에 들어선다

희미한 거실 조명 아래

눈에 익숙한 그리운 얼굴이

고정된 부품처럼 집을 지키고 있다

환상처럼 들려오는

딸내미의 바이올린 연주에 맞춰

정겨운 웃음소리가 들린다

목련 꽃 같은 행복을 꿈꾸다
홀연히 떠나간 불쌍하고 가련한 사람

불 꺼진 무대에서
가장의 사명감을
독백처럼 외쳐본다

도원리 I*

무엇을 해도 즐거운 곳

한 번 머물면 떠나고 싶지 않은 곳

찔레꽃과 싸리 꽃이 한데 어울려서

새들의 목소리 한 옥타보 높아지는 곳

도원리 2

강물에 발 담그고
미동도 없는
중대백로

발 그늘 아래 모여드는
피라미 떼

지나가던 강바람도
슬쩍 들여다보고

물가 버드나무도
궁금하다고
허리가 반쯤 꺾어진다

도원리 3

도원리 닷!
도원리 닷!

검은 등 뻐꾸기가
네 음절로
강 건너 날아와 노래한다

도로를 달리는 차량들은
다른 도원리를 찾아 달려가고

도원리 닷!
도원리 닷!

여기가 진정 살만한 곳이라고

해 저물도록 노래한다

도원리 4

넓은 벌판
마을을 품에 안고
강물이 굽이쳐 흐른다
도화 꽃향기에 이끌려
시를 쓰고 심신을 단련하기 위해
화랑들이 머물다간 "무릉원"*
신라의 기상이
강을 거슬러 내달린다

길 가던 나그네가
머물 곳을 물어온다며

천하명당 부럽지 않은

여기가 무릉도원

*무릉원 – 신라시대 화랑들이 심신을 단련하기 위해 머물
 던 숙소라고 구전으로 마을에서 전해 내려오는
 비석이 남아 있음

도원리 5

감자꽃이 피었다

포기마다 심었던 뻐꾸기 울음이
하얗게 쏟아진다

유월이다

망초꽃도 바람에 흔들리며
떠나간 혼령들을 배웅하는…

* 괴산군 청천면에 있는 자연부락 마을

풍경 1
- 장수마을

화전 밭 일구며

뚝심 있게 살아오신 어르신들

기력 없어 밭일은 못하지만

꽃을 가꾸고

풍물도 배우고

마을 공동작업에 일손도 거두시며

아직까지는 일할 수 있다고

장수마을 체면은 살려야 한다고

풍경 2
- 대보름날

강 건너 외가에 가면
군불 지피는 굴뚝 위에
방패연이 걸려있고
고샅길에 술래잡기 시작된다

가마솥이 걸려있는 사랑방 문틈으로
옛날이야기 흘러나와
싸리문 뒷간에선
달걀귀신 춤춘다

성황당 돌탑에는
시루떡이 올려지고
두 손 모아 소지를 올리시는
할머니의 머리 위에
둥근 보름달이 걸려있다

풍경 3
- 마당극 공연

봄부터

나뭇잎이 단풍 들 때까지

비가 오나

바람 불어도

꾸부정한 허리를

유모차에 기대어

연극 대본을 외우는 소리

수개월 연습에 지루할 만도 한데

외우고 또 연습하고

마침내 다목적광장 무대 위에

축제의 막이 오른 던 날

하나 된 마음으로

당당하게 펄럭이는

문화마을 현수막

바람의 자화상

잊으려 하면 할수록

생각나는 지난 시간

양보할 수 없는 자존심 때문에

불안하게 바라보는 시선들

길을 잃고 헤매다 돌아보니

되돌릴 수 없는 후회로 남아 있다

절망하고 갈등하는 삶의 뒤안길에

바람은 아직 거세게 부는데

얼마나 더 견디어야 상처 난 마음이 아물까

이루지 못한 꿈 높이 재면서

흔들리다 넘어지고 다시 일어나

아슬아슬 버티고 살아가는

바람의 자화상